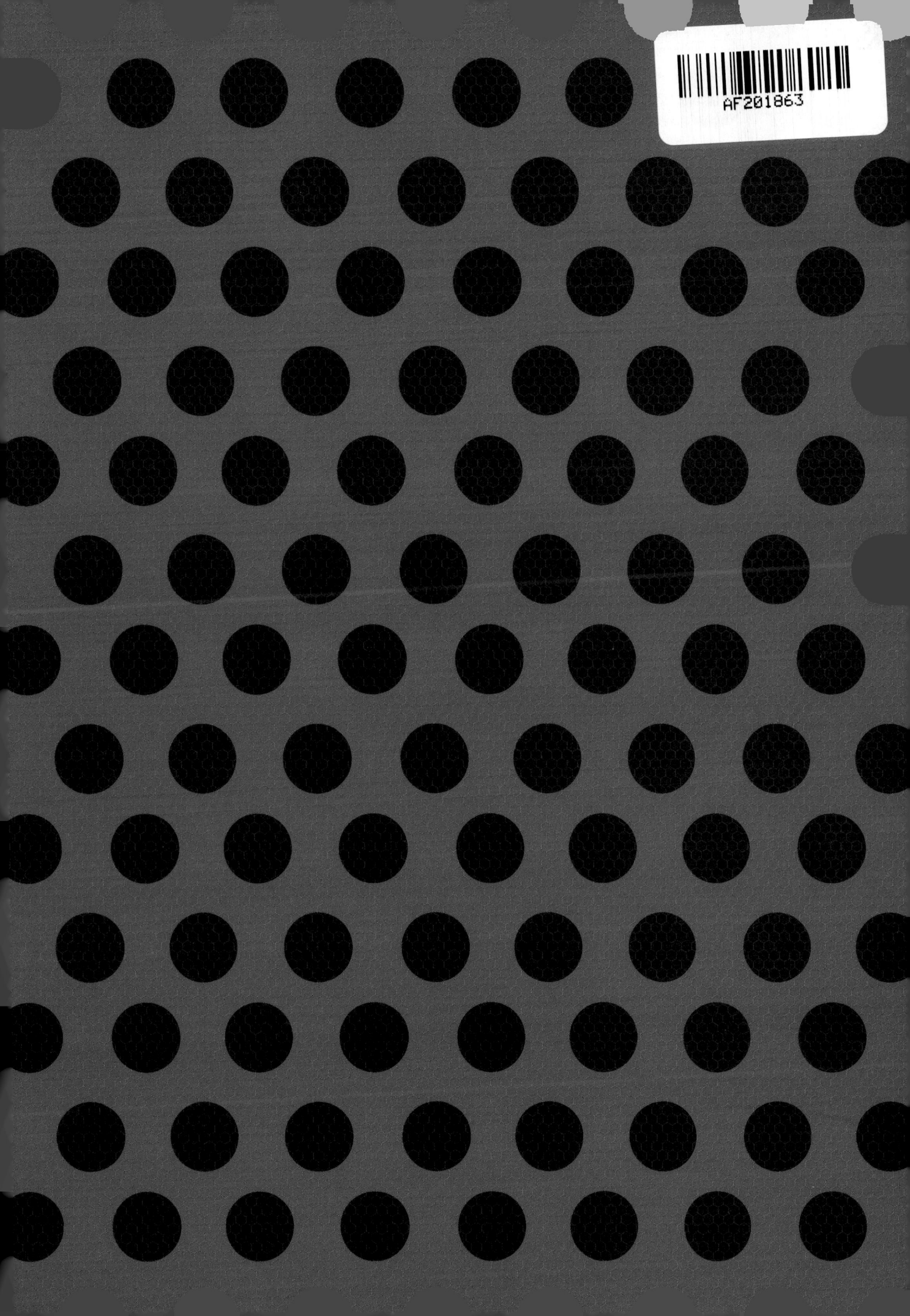

Miraculous – Eine heldenhafte Weihnachtsgeschichte

© 2023 Panini Verlags GmbH,
Schloßstraße 76, 70176 Stuttgart
Alle Rechte vorbehalten.
Verlagsleitung: Gabriele El Hag
Chefredaktion: Nicole Hoffart
Redaktion: Verena Gschwind, Lea Both
Redaktionelle Mitarbeit: Jana Menke
Text: Claudia Weber
Lektorat: Helga Kronthaler
Grafik: tebitron gmbh, Gerlingen
Druck: CPM Centro Poligrafico Milano S.p.A., Mailand, Italien
ISBN 978-3-8332-4390-5

www.paninishop.de

Die Deutsche Nationalbibliothek verzeichnet diese Publikation in der
Deutschen Nationalbibliografie; detaillierte bibliografische Daten sind
im Internet über http://dnb.d-nb.de abrufbar.

Inhalt

Weihnachten in Paris

Wenn die Schneeflocken um den Eiffelturm tanzen und sich eine dicke weiße Schneedecke auf den Dächern und Plätzen ausbreitet, dann wird es auf einmal ungewohnt still in Paris. Die großen Boulevards sind fast menschenleer, und die Geschäfte, in denen sich gerade noch unzählige Menschen drängten, um Geschenke für ihre Lieben zu besorgen, sind geschlossen. An den Häusern hängen weihnachtliche Lichterketten, und vor dem Rathaus steht ein riesiger Weihnachtsbaum.

Plötzlich hört man Schellen rasseln und Glöckchen bimmeln. Und im nächsten Augenblick kommt schon Santa Klaus mit seinem Rentiergespann und einem Schlitten voller Geschenke um die Ecke gebraust. Er hat es offenbar eilig, denn er muss noch viele hübsch verpackte Pakete verteilen, damit die Stadt der Liebe das Fest der Liebe feiern kann.

Selbst die Superhelden hoffen auf friedvolle Weihnachtstage, an denen ihr Erzfeind Hawk Moth ausnahmsweise mal nicht Paris bedroht. Während Adrien zu Hause die Edeltanne schmückt, zählt Chloé bereits eifrig die Geschenke, die sie dieses Mal von ihrem Vater bekommt … 347, 348, 349 – wehe, es sind weniger als im letzten Jahr!

köstliches Festessen auf die kleine Familie. „Fröhliche Weihnachten!", sagt Marinette. Und während sie mit ihren Eltern anstößt, hofft sie, dass es ein gemütlicher, ruhiger Weihnachtsabend werden möge – ohne Superschurken, Erzbösewichte und andere Katastrophen.

Unterdessen ist Marinette noch fleißig dabei, ihren Eltern in der Bäckerei zu helfen. Denn vor dem Fest will jeder noch rasch ein paar leckere Plätzchen, Kuchen und Törtchen kaufen. Doch was ist das? Sind etwa auch Cat Noir und Ladybug, die berühmtesten Superhelden von Paris, in der Bäckerei? Wie man's nimmt! ... Die Bäckerei wurde mit zwei Pappaufstellern der Superhelden dekoriert, um Spenden für einen guten Zweck zu sammeln. Nachdem der letzte Kunde den Laden verlassen hat, wartet ein

Eine böse Weihnachtsüberraschung

An den Tagen vor Weihnachten war ganz besonders viel los in der Bäckerei Dupain-Cheng. Ständig bimmelte die Ladentür, und Marinette half ihren Eltern, die Kunden zu bedienen. Bis auf einmal ein grimmig dreinblickender Riese von einem Mann vor ihr stand.

„Adriens Bodyguard", murmelte Marinette. Dann fiel ihr ein, dass sie ja eigentlich ein Geschenk für Adrien hatte. Das konnte sie dem Bodyguard doch mitgeben! „Ich bin gleich zurück", rief sie und hastete in ihr Zimmer. Dort zog sie alle Schubladen auf, durchwühlte hektisch den Schrank und schaute sogar unter den Teppich. „Ich fasse es nicht! Wo ist das Geschenk? Wo hab ich's nur versteckt?", keuchte sie.

„Hier, Marinette, siehst du?", meldete sich Tikki. Das kleine magische Wesen kannte Marinette nur zu gut und wusste, was für ein Tollpatsch sie manchmal sein konnte.

„Ah! Danke, Tikki", sagte Marinette, schnappte das Geschenk und eilte zurück in die Bäckerei. Doch der Bodyguard verschwand gerade durch die Ladentür. „Warten Sie!", rief Marinette und lief ihm nach. „Das ist ... äh, das ist für Adrien", stammelte sie und reichte dem Bodyguard das Päckchen. „Und sagen Sie ihm fröhliche Weihnachten! Von mir."

Wieder zurück in der Villa Agreste übergab der Bodyguard Adrien das Geschenk.

„Vielen Dank", sagte Adrien. Er wünschte dem Bodyguard und Nathalie, der Assistentin seines Vaters, frohe Weihnachten und stapfte traurig die Treppe hinauf in sein Zimmer. Es war das erste Weihnachtsfest ohne seine Mutter, und Adrien hatte gehofft, dass sein Vater wenigstens diesen Abend mit ihm verbringen würde.

Doch Gabriel Agreste ließ seinen Sohn wieder einmal allein. Aus Trauer um seine Frau kapselte er sich ab und bemerkte nicht, wie sehr sein Sohn ihn brauchte.

„Ich wünsche mir, dass dieser Tag ganz schnell vorbeigeht", seufzte Adrien und setzte sich aufs Bett. Auch Plagg, sein Kwami, konnte ihn nicht trösten – trotz seiner magischen Kräfte.

„Ich hasse Weihnachten", zischte Adrien und starrte auf den Siegelring an seinem Finger. Dabei kam ihm eine Idee. „Plagg, verwandle mich!", bat er sein Kwami.

Das schwarze Kerlchen fuhr wie ein Blitz in den Siegelring und verwandelte Adrien in den Superhelden Cat Noir.

Cat Noir schwang sich aus dem Fenster und lief über die Dächer von Paris. So weit weg von seinem Vater wie möglich! Einsam streifte er durch die Stadt. Es machte ihn noch trauriger, die vielen erleuchteten Fenster zu sehen, hinter denen glückliche Familien gemeinsam Weihnachten feierten. Als er den großen Weihnachtsbaum vor dem Rathaus erreichte, steigerte sich seine Trauer in hilflose Wut. War es nicht genug, dass er seine Mutter verloren hatte? Warum war sein Vater immer so kalt, so distanziert, so lieblos?

Cat Noir ballte wütend die Faust. „Katerklysmus!", murmelte er und beschwor seine Superpower: die Kraft der Zerstörung. In seiner Trauer und Wut hatte er sich in den Kopf gesetzt, die weihnachtliche Pracht auszulöschen. Doch gerade als er den Weihnachtsbaum berühren und mit seiner dunklen Energie zerstören wollte, sah er plötzlich das Gesicht seiner Mutter vor sich, die ihn liebevoll anlächelte.

Schlagartig hielt Adrien alias Cat Noir inne. „Ich kann es nicht", keuchte er und zog seine Hand zurück. „Ich kann's einfach nicht!" Von seinen Gefühlen übermannt, wandte er sich ab und kehrte dem Weihnachtsbaum den Rücken – der Baum

konnte schließlich nichts dafür, dass sein Vater sich so herzlos verhielt! Da fiel Cat Noirs Blick auf eine Litfaßsäule, die mit einem großformatigen Werbeplakat beklebt war. Es zeigte Adrien, der als Model für ein Parfüm von Gabriel Agreste warb. Wieder verwandelte sich die Trauer in seinem Herzen in unbändige Wut – und diesmal hielt Cat Noir sich nicht zurück. Mit der zerstörerischen Energie, die immer noch in seiner Hand brodelte, berührte er das Plakat. Es dauerte nicht einmal den Bruchteil einer Sekunde, bis die Litfaßsäule durch die gewaltige Kraft der Zerstörung in sich zusammenfiel und nur ein Haufen schwarzer Trümmer davon übrig blieb.

„Was habe ich getan?", stöhnte Adrien. Er wusste, dass sein Kwami nach der magischen Anstrengung so schnell wie möglich etwas zu futtern brauchte, um neue Energie zu tanken. Adrien suchte in seinen Taschen, denn dort hatte er normalerweise immer ein Stück Camembert –

Cat Noir war frustriert.

„Wir sollten nach Hause gehen", murmelte er und stapfte durch den Schnee. „Plagg, verwandle mich!" Im nächsten Moment fuhr das Kwami wieder aus dem Siegelring und verwandelte den Superhelden zurück in Adrien.

„Plagg? Was ist los?", fragte Adrien erschrocken, als er das sonst so muntere Kerlchen plötzlich erschöpft im Schnee liegen sah.

„Ich würde dir so gern helfen", antwortete Plagg. „Doch es geht leider nicht, meine Kräfte sind aufgebraucht."

das war Plaggs Lieblings- speise. Doch dies- mal hatte er leider nichts da- bei. Stattdessen fand er Marinettes Geschenk, das der Body- guard ihm gegeben hatte.

Adrien holte das Päckchen heraus und öffnete es neugierig. Es enthielt eine rote Weihnachtsmütze mit weißen Schneeflocken. Sie hatte lustige Bommeln und sah kuschelig warm aus – genau das brauchte Plagg jetzt. Adrien nahm das Kwami und setzte es vorsichtig in den flauschigen Plüschrand der Mütze. Dabei entdeckte er eine Karte, die Marinette ihm geschrieben hatte.

„Fröhliche Weihnachten!", las Adrien und musste unwillkürlich lächeln. „Marinette ist wirklich toll", murmelte er, und sein Herz schlug ein bisschen schneller. „Aber jetzt kümmere ich mich erst mal um dich, Plagg!"

Adrien stand auf, um seinem Kwami so schnell wie möglich etwas zu essen zu besorgen. Dabei bemerkte er nicht, dass ihm Marinettes Karte aus der Tasche fiel und im Schnee landete.

Das Bimmeln der Schellen und Glöckchen wurde lauter, und dann sah Adrien Santa Klaus mit seinem Schlitten. Der freundliche, alte Mann brachte gerade zwei Kindern ihre Weihnachtsgeschenke. Als er Adrien bemerkte, legte er ihm eine warme Decke um die Schultern und gab ihm eine Tasse heiße Schokolade. Er hatte von seinem Käsesandwich für ihn sogar noch ein Stück Camembert übrig.

Adrien setzte sich die Mütze auf, in der Plagg steckte, und stapfte durch die verschneiten Straßen von Paris. Auf einmal ertönte in der Ferne der Klang von Schellen und Glöckchen.

„Hörst du das?", fragte Adrien sein Kwami. Und zum ersten Mal an diesem Abend dachte er nicht voll Trauer an die vergangenen Weihnachtsfeste, sondern freute sich über den heutigen Abend. „Fröhliche Weihnachten, Plagg!", sagte er und lächelte.

„Das ist genau das Richtige für Plagg", dachte Adrien und steckte seinem Kwami heimlich den Käse zu, der einen ziemlich intensiven Gestank verströmte.

Etwa zur selben Zeit ging Gabriel Agreste in seiner Villa die kalte Marmortreppe hinauf. Endlich hatte er sich ein Herz gefasst und beschlossen, seinem Sohn gegenüberzutreten. Mit Weihnachtsgeschenken unter dem Arm öffnete er die Tür zu Adriens Zimmer. „Adrien", sagte Gabriel Agreste. Als er keine Antwort erhielt, wiederholte er: „Adrien?!"

Gabriel Agreste schaute sich im Zimmer um, doch es schien leer zu sein. Wo konnte der Junge nur sein? Er überlegte, ob sein Sohn ihn nicht sehen wollte und sich versteckte. Aber das war eigentlich nicht Adriens Art. Dann fiel Gabriel Agrestes Blick auf das offene Fenster. Was hatte das zu bedeuten? Der Modeschöpfer hatte nur eine Erklärung dafür: Jemand musste seinen Sohn entführt haben! „Adrieeeen!", schrie er, und sein verzweifelter Ruf hallte durch die Villa. Nathalie und der Bodyguard eilten sofort herbei, und Sekunden später standen sie in Adriens Zimmer. „Adrien ist verschwunden!", sagte Gabriel Agreste. „Sie beide werden ihn sofort suchen! Sofort!"

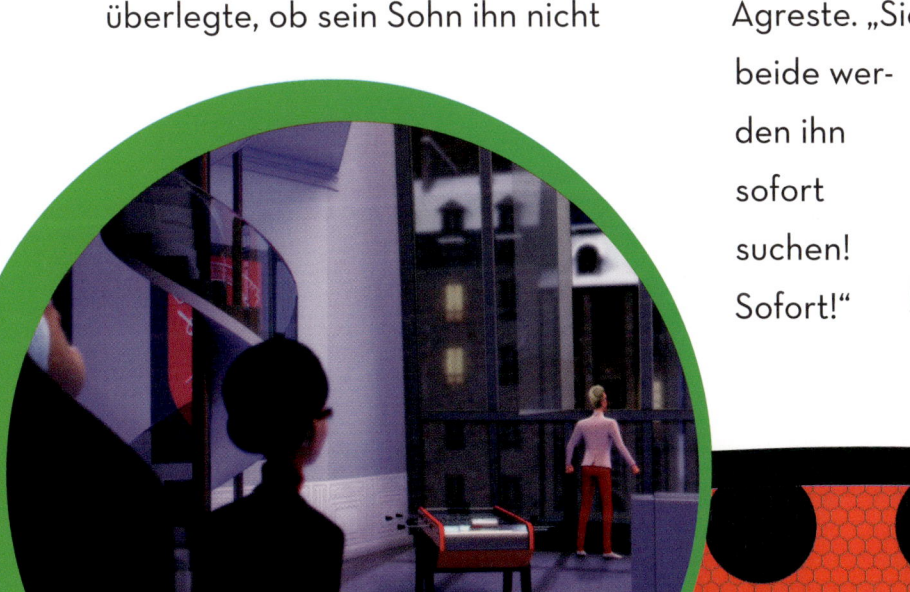

Der Bodyguard nickte, eilte zum Auto und fuhr los, um die Straßen von Paris nach Adrien abzusuchen.

Auch Nathalie verlor keine Zeit. Sie setzte sich umgehend ans Telefon und rief Adriens Freunde an, einen nach dem anderen.

„Nein, Madame, bei mir ist er nicht", antwortete Nino, Adriens bester Kumpel.

„Adrien ist nicht zu Hause?", fragte Alya besorgt.

„Sicher wurde er entführt, ganz klar", meinte Kim.

Und Max brachte – außer einem Nein – vor Schreck keinen Ton heraus.

Sogar Sabrina war alarmiert und bat ihren Vater, der Polizist war, um Hilfe. Roger Raincomprix setzte sich sofort in sein Polizeiauto, um nach Adrien zu suchen. Sabrina begleitete ihn.

„Keine Sorge! Wir finden deinen Freund, egal, wo er ist", beruhigte er seine Tochter.

Schließlich erreichte Nathalies Notruf auch Marinette und ihre Eltern.
„Sehen wir uns mal ein bisschen auf der Straße um! Nur zur Sicherheit", schlug Tom Dupain vor und erhob sich. „Die Geschenke können warten."
Seine Frau Sabine war sofort einverstanden, nach Adrien zu suchen.
„Kommst du mit, Marinette?", fragte Tom Dupain.
„Ich ... äh, fühl mich ... nicht so gut", stammelte Marinette und trat nervös von einem Bein aufs andere. „Ich bleib lieber hier. Aber wenn ich was höre, rufe ich euch gleich an, okay?"
Während ihre Eltern sich achselzuckend anblickten, hastete Marinette in ihr Zimmer und schloss die Tür hinter sich. „Schnell, wir müssen Adrien finden", erklärte sie ihrem Kwami. „Los, Tikki, verwandle mich!"
Tikki wurde in Marinettes Ohrstecker gesogen und verwandelte Marinette in die Superheldin Ladybug.

Über die Dachterrasse verließ Ladybug das Haus und schwang sich über die Dächer von Paris.

Als sie den Haufen verkohlter schwarzer Trümmer in der Nähe des großen Weihnachtsbaums bemerkte, wurde sie misstrauisch. All die Zerstörung konnte nur eins bedeuten: Cat Noir war hier gewesen. Aber warum hatte er seinen Katerklysmus eingesetzt?

Dann entdeckte Ladybug im Schnee die Weihnachtskarte, die sie alias Marinette an Adrien geschrieben und in die Weihnachtsmütze gesteckt hatte.

„Hm, hat etwa ein böser Schurke Adrien in seiner Gewalt?", überlegte sie laut. „Und hat Cat Noir versucht, ihn zu beschützen?"

Die Gedanken in Ladybugs Kopf überschlugen sich. Warum hatte Cat Noir sie nicht gerufen? Sie waren doch ein Team! War er womöglich in Gefahr? Und Adrien ebenfalls?

Ladybug war, als würde ihr jemand einen Stich ins Herz verpassen. Sie musste alles daransetzen, Adrien zu finden! Sie musste den Jungen, den sie heimlich liebte, unbedingt retten! Und sie musste herausfinden, was mit Cat Noir geschehen war.

über die Überwachungskamera am Eingang sah. Doch als er den fremden Mann hinter Adrien bemerkte, verdunkelte sich sein Blick. „Wer sind Sie?", fragte er barsch. War das womöglich der Entführer?

„Wer ich bin?", wiederholte der Mann erstaunt. „Das ist doch wohl klar, ich bin Santa Klaus!"

„Ach, wirklich? Dann bin ich der Osterhase", gab Gabriel Agreste kühl zurück. „Vermutlich sind Sie hier, weil Sie Geld wollen. Verschwinden Sie, sonst kümmert sich mein Bodyguard um Sie!"

„Nein, das stimmt nicht, Vater!", rief Adrien. Er konnte nicht fassen, wie unfreundlich sein Vater war. Glaubte der etwa wirklich, dass Santa Klaus Geld von ihm wollte?

Ein paar Straßen weiter hatte sich Adrien inzwischen mit Santa Klaus angefreundet. „Sie bringen mich nach Hause und essen mit uns", schlug er vor. „Vielleicht bringen Sie den weihnachtlichen Geist in unser Haus zurück!"

Und weil Santa Klaus' Mütze in den Schnee gefallen war, schenkte Adrien ihm seine rote Weihnachtsmütze – natürlich erst, nachdem er Plagg an sich genommen hatte.

Schon bald erreichte der Schlitten die Nobelvilla von Gabriel Agreste. „Adrien, bist du das?", stellte Gabriel Agreste erleichtert fest, als er seinen Sohn

„Dein Vater hat recht", ertönte plötzlich eine vertraute Stimme hinter ihm. Adrien fuhr herum und sah Ladybug. Die Superheldin schien in höchster Alarmbereitschaft zu sein und schwang drohend ihr Jo-Jo. „Dieser Mann ist ein Schurke, den Hawk Moth geschickt hat", erklärte sie.

„Was?", rief Adrien fassungslos. „Nein, Ladybug, stopp! Der Mann wurde nicht akumatisiert."

„Ich erkenne doch, wenn jemand akumatisiert wurde", erwiderte Ladybug. „Geh bitte ins Haus!"

Adrien wollte ihr widersprechen. Doch da tauchte sein Bodyguard auf und schob ihn ins Haus.

„Ihr seid doch alle total verrückt!", brummte Santa Klaus kopfschüttelnd, stieg auf seinen Schlitten und wollte davonfahren. Aber Ladybug schwang ihr Lasso und zog den armen Mann vom Schlitten, sodass er kopfüber im Schnee landete. Ladybug stutzte. Was war das denn für ein ungeschickter Bösewicht? War er am Ende doch harmlos?

„Das hat jetzt wirklich sehr wehgetan", klagte der Mann und versuchte, sich aufzurappeln.

„Sie sind also kein Superschurke?", stammelte Ladybug.

„Natürlich nicht!", schimpfte Santa Klaus. „Du hast wohl zu viele Comics gelesen!"

„Oh, tut mir leid!", entschuldigte sich Ladybug kleinlaut.

„Anscheinend weiß hier keiner mehr, was Weihnachten wirklich bedeutet", brummte Santa Klaus, während ihm die Zornesröte ins Gesicht stieg. Hawk Moth, der das Ganze von seinem Geheimversteck aus beobachtet hatte, grinste fies. „Ohne es zu wissen, machst du mir das schönste Weihnachtsgeschenk aller Zeiten, Ladybug", murmelte er. „Ein unschuldiger Mann wird zu Unrecht verdächtigt. Und im nächsten Moment ist es vorbei mit der Weihnachtsstimmung."

Diese Gelegenheit konnte sich der Erzbösewicht nicht entgehen lassen. Er nahm einen harmlosen weißen Schmetterling und verwandelte ihn in einen Akuma. „Flieg los, mein kleiner Akuma!", befahl er. „Flieg los und verwandle diesen Mann!" Zielsicher machte sich der Akuma auf den Weg und drang in die Mütze des Weihnachtsmanns ein. Nun konnte Hawk Moth telepathisch Kontakt mit seinem Opfer aufnehmen und es unter seine Kontrolle bringen.

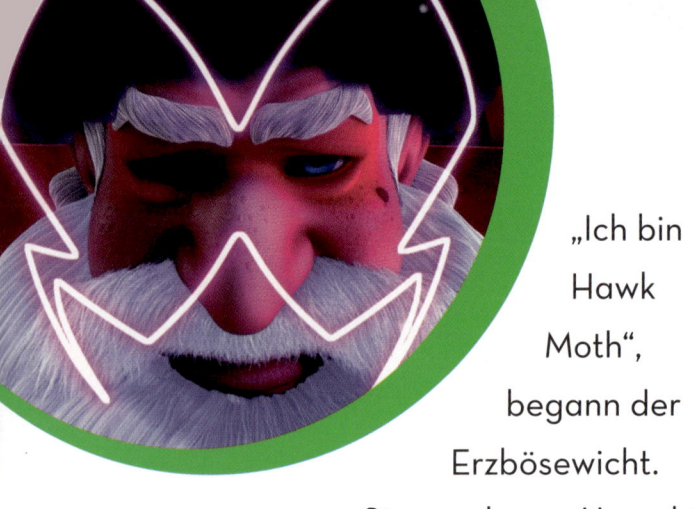

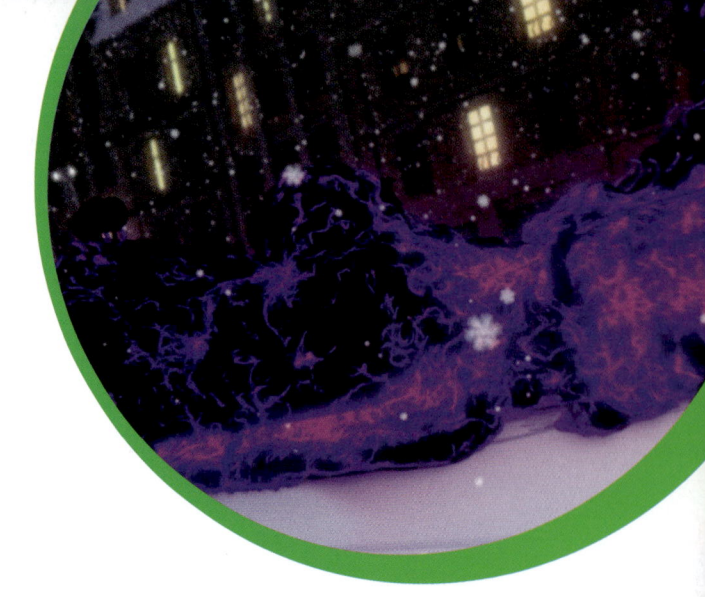

„Ich bin Hawk Moth", begann der Erzbösewicht.

„Sie wurden zu Unrecht verdächtigt, ein Superschurke zu sein, Santa Klaus. Darum werden Sie von nun an genau das sein!" Hawk Moth hielt kurz inne und verzog sein Gesicht zu einem teuflischen Grinsen. Dann fuhr er fort: „Und als Gegenleistung, dass ich das ganze Jahr über artig gewesen bin, wünsche ich mir zwei Sachen von Ihnen: die Miraculous von Cat Noir und Ladybug."
Wenn Hawk Moth den Siegelring und die Ohrringe besaß, hatte er die beiden wertvollsten magischen Miraculous. Mit ihnen konnte er die ganze Welt beherrschen.

„Ich werde sie Ihnen bringen", versprach der akumatisierte Santa Klaus. „Fröhliche Weihnachten, Hawk Moth!" Im nächsten Moment verschwand sein Schlitten samt Rentieren in einer schwarzvioletten Wolke – und als diese sich auflöste, war aus dem gutmütigen Santa Klaus der Superschurke Santa Klaue geworden.

„Santa Klaue nennt man mich, meine Macht ist fürchterlich", rief der Superschurke und schwang seine Klauen drohend durch die Luft.

Santa Klaue wollte den Einwohnern von Paris eine schreckliche Weihnachtsnacht bereiten. „Ich werde dafür sorgen, dass ihnen das Lachen vergeht", höhnte er. „Denn heute weiß sowieso niemand mehr, was Weihnachten eigentlich bedeutet!" Als Erstes warf er Ladybug ein Geschenk zu, das sich von selbst öffnete und einen entsetzlichen Gestank freisetzte. Dann schwang er sich auf seinen Schlitten und düste durch die Straßen, um weitere Geschenke zu verteilen. Mal enthielten seine Pakete riesige Gruselspinnen, mal ekelhafte Kakerlaken. Je mehr die Leute sich fürchteten, desto zufriedener bewegte er seine grünen Klauen hin und her. Dazu sang er ein grauenvolles Lied, das durch die Straßen hallte und in jedem Winkel von Paris zu hören war:

„Santa Klaue nennt man mich.
Meine Macht ist fürchterlich.
Zur Strafe hab ich euch mitgebracht:
eine schreckliche Weihnachtsnacht."

Irgendwann rauschte Santa Klaue mit seinem akumatisierten Schlitten auch in Adriens Zimmer. „Dir werde ich nichts tun, du hast was gut bei mir", rief er Adrien zu. „Du hast mir was geschenkt, das war sehr nett von dir." „Santa Klaus?", fragte Adrien und machte große Augen.

„Nicht ganz, jetzt bin ich Santa Klaue", antwortete der Superschurke, blitzte Adrien mit seinen rot glühenden Augen an und zeigte seine grünen Klauen. „Weißt du was? Dein Vater hat dich Weihnachten allein gelassen! ... Ich werde für dich Rache nehmen. Ich werde uns beide rächen." „Nein, warte!", rief Adrien. Doch der Superschurke düste bereits davon. „Das wird das Weihnachten der Rache", tönte er und verschwand in der Nacht.

Adrien hatte Santa Klaue nicht aufhalten können – wie auch? Einem Superschurken konnte er nur als Superheld entgegentreten. Höchste Zeit also, seine Superkräfte zu mobilisieren! „Plagg, verwandle mich!", sagte Adrien. Zum Glück hatte sich sein Kwami inzwischen gestärkt und war bereit für den nächsten Einsatz. So eilte Adrien alias Cat Noir wenig später in seinem schwarzen Superheldenanzug über die Dächer von Paris. Es dauerte nicht lange, bis er auf Ladybug traf.
„Cat Noir?", fragte sie, erstaunt und erleichtert zugleich. „Wo warst du?"
„Das ist ... äh, eine lange Geschichte. Katzen haben eben auch ihre Geheimnisse", meinte Cat Noir und war fast froh, als Santa Klaue auftauchte. Denn nun konnte Ladybug nicht weiter nachhaken. Zuerst mussten sie

Santa Klaue stoppen. Und das konnten sie am besten als Team.
„Braucht man für so 'n Schlitten nicht auch 'nen Führerschein?", frotzelte Cat Noir, als er und Ladybug kurz darauf auf Santa Klaues Schlitten landeten.
Doch der Superschurke ließ sich nicht beeindrucken. „Wie wär's mit einer kleinen Schlittenfahrt, ihr erbärmlichen Elfen?", rief er. „Festhalten! Es geht los!" Im Nu startete er eine halsbrecherische Fahrt, bei der er die beiden Superhelden immer wieder abschüttelte.

Ladybug war schnell klar, dass sie Santa Klaue nur mit einer List besiegen konnten. Und sie wusste auch schon, wie ...

Dank ihrer Superpower baumelte wenig später ein riesiges Paket am Eiffelturm, das für den Bösewicht nicht zu übersehen war. „Ho-ho-ho!", rief Santa Klaue erstaunt. „Ein Geschenk? Für mich?" „Nimm dich in Acht!", warnte ihn Hawk Moth über die Schmetterlingsmaske. „Das wird eine Falle sein."

Doch Santa Klaue hörte nicht auf seinen Meister. Als Santa Klaus hatte er schon so vielen Kindern Geschenke gebracht. Da würde er jetzt, wo er endlich auch einmal eins bekam, nicht Nein sagen. Gierig griff er nach dem Paket und öffnete es ...

Im nächsten Moment sprang Ladybug heraus und rief: „Fröhliche Weihnachten!" Santa Klaue war so verblüfft, dass er nicht gleich reagieren konnte. Als er begriff, dass er in eine Falle getappt war, war es bereits zu spät. Ladybug hatte ihr Jo-Jo wieder blitzschnell zum Lasso umfunktioniert und schnürte den Superschurken so fest damit ein, dass er seine Klauen nicht mehr benutzen und sich nicht mehr bewegen konnte. Sosehr er sich auch wand – an eine Flucht war nicht zu denken.

Hinter Ladybug machte sich bereits Cat Noir zum Sprung bereit. „Katerklysmus!", rief er und aktivierte seine Superpower. Geschickt sprang er auf den Superschurken zu, riss ihm die Mütze mit dem Akuma vom Kopf und übergab sie noch in der Luft an seine Partnerin. „Fröhliche Weihnachten, Mylady!", sagte er und zwinkerte ihr zu. „Danke, Kätzchen!", antwortete sie mit einem Lächeln.
Die beiden freuten sich, dass sie den Schurken mit vereinten Kräften ausgetrickst hatten.

Kaum hatte sich die Weihnachtsmütze durch Cat Noirs Superkraft aufgelöst, flatterte der schwarzviolette Akuma auch schon davon. Doch darauf hatte Ladybug nur gewartet. Blitzschnell warf sie ihr Jo-Jo und fing ihn ein. „Deine dunklen Zeiten sind vorbei, kleiner Akuma", sagte sie. „Gleich musst du nicht mehr böse sein." Als Ladybug das Jo-Jo wieder öffnete, war der Fluch gebrochen. Aus dem schwarzvioletten Akuma war wieder ein unschuldiger weißer Schmetterling geworden. „Tschüss, kleiner Schmetterling!", rief Ladybug und sah ihm nach, bis er in der Dunkelheit verschwand. Sie warf das Paket für Santa Klaus in die Luft, und es erzeugte eine Explosion von kleinen Marienkäfern, die die Schäden in Paris behoben. Dabei löste sich auch der böse Zauber vom Schlitten und von den Rentieren. Und aus dem Superschurken Santa Klaue wurde wieder der gütige Santa Klaus.

Ladybug und Cat Noir nickten sich zufrieden zu und besiegelten ihre Mission mit einem Faustgruß. So, wie sie es immer taten, wenn sie einen Superschurken bezwungen hatten. „Gut gemacht!", jubelten sie.

Hawk Moth hatte den Kampf von seinem Versteck aus mitverfolgt. Wieder einmal hatte sein Bote des Bösen versagt. Und wieder einmal musste sich der Erzbösewicht von den beiden Superhelden geschlagen geben. „Ladybug! Cat Noir!", knurrte Hawk Moth grimmig und ballte die Fäuste. „Genießt euer Weihnachtsfest dieses Jahr noch mal! Wir werden sehen, wer nächstes Jahr das beste Geschenk bekommt!"

Das Fenster in seinem Geheimversteck schloss sich wieder. Doch es würde sich auch wieder öffnen. Es war nur eine Frage der Zeit. Und seinen Traum, die beiden wertvollsten Miraculous an sich zu bringen, würde er weiter verfolgen. Er würde nicht ruhen, bis Ladybugs magische Ohrstecker und Cat Noirs magischer Ring in seinem Besitz waren. Denn dann konnte er die Superkraft der Erschaffung und die Superkraft der Zerstörung vereinen – und sich seinen größten Wunsch erfüllen.

sagte er. Seine Stimme klang streng, kalt und vorwurfsvoll. „Dich auch noch zu verlieren, würde ich nicht ertragen", fügte er mit sanfterem Unterton hinzu.

Adrien nickte. Es war das erste Weihnachtsfest ohne seine Mutter. Und sein Vater wusste offenbar einfach nicht, wie er damit umgehen sollte. Plötzlich zerriss das Läuten der Türglocke die Stille.

Adrien fuhr herum und blickte fragend zu Nathalie. Die prüfte bereits, wer am Weihnachtsabend um diese Zeit vor der Tür stand.

„Ich denke, das ist für dich, Adrien", meinte sie und ging zur Haustür.

Kurz nachdem Ladybug und Cat Noir sich getrennt hatten, kehrten sie als Marinette und Adrien nach Hause zurück.

Nathalie wartete bereits voller Sorge und führte Adrien sofort ins Arbeitszimmer. Gabriel Agreste blickte seinen Sohn kurz an. Dann wandte er sich wieder dem Porträt seiner Frau zu.

„Adrien, du verstehst hoffentlich, dass du nicht einfach so verschwinden kannst",

Adrien und sein Vater folgten ihr – der eine gespannt, der andere besorgt.

Vor der Haustür standen Adriens Freunde, allen voran Marinette und Alya, Nino, Max, Kim und Ivan, Alix, Rose und Juleka, Sabrina, Chloé – kurz: alle, die nach Adrien gesucht hatten. Und natürlich Santa Klaus!

„Ich habe mir erlaubt, ihnen mitzuteilen, dass Adrien wieder wohlbehalten zu Hause ist, Monsieur", sagte Nathalie zu Gabriel Agreste. „Sie alle haben sich große Sorgen um ihn gemacht. Nun würden sie gern mit ihm feiern."

„Oh bitte!", flehte Adrien und hoffte, dass sein Vater ein einziges Mal nicht ablehnen würde. „Heute ist doch Weihnachten!" Gabriel Agreste gab sich einen Ruck und bat alle, die vor der Tür standen, hereinzukommen.

„Fröhliche Weihnachten!", riefen Adriens Freunde ausgelassen, als sie kurz darauf am festlich gedeckten Tisch Platz nahmen.

Und so wurde Weihnachten, das für Adrien so traurig begonnen hatte, am Ende doch noch ein wunderschönes, unvergessliches Erlebnis.

Die besten Weihnachtsrezepte aus der Bäckerei Dupain-Cheng

Pssst! Eigentlich sind unsere Rezepte ja streng vertraulich. Familiengeheimnisse, die von Generation zu Generation weitervererbt werden. Aber weil Weihnachten ist, will ich mal eine Ausnahme machen und euch verraten, wie meine Eltern die kulinarischen Köstlichkeiten zaubern. Tikki, das kleine Leckermäulchen, findet sie alle gut. Selbst Plagg macht an Weihnachen eine Ausnahme und futtert zum stinkenden Camenbert auch mal Zimthörnchen und Schokokekse. Alya und Nino schauen fast jeden Tag vorbei und probieren die neusten Kreationen. Am liebsten noch warm, direkt vom Backblech. Adrien sehe ich leider nur selten hier, seinen Bodyguard dagegen umso öfter. Eigentlich kommen fast alle aus meiner Klasse vorbei, um sich zum Fest mit Plätzchen und Gebäck einzudecken.

Sogar die eingebildete Chloé kann nicht widerstehen. Auch wenn sie so tut, als wäre sie waaaahnsinnig genervt und würde nur wegen ihres Vaters mitkommen. Aber, hey, ich will mal nicht so sein! Schließlich ist Weihnachten! Und da sollte man zu jedem freundlich sein. Sogar zu Chloé. Meint jedenfalls meine Maman ...

Also, ich hoffe, ihr findet was, was euch schmeckt. Aber nicht alles auf einmal naschen, ja?

Fröhliche Weihnachten!

Eure Marinette

Vanillekipferl

Du brauchst:

250 g Mehl
½ TL Backpulver
125 g Zucker
2 Pck. Vanillezucker
3 Eigelb
200 g kalte Butter
125 g gemahlene Mandeln
50 g Puderzucker

So geht's:

Mehl und Backpulver mischen, in eine Schüssel sieben. Zucker, ein Päckchen Vanillezucker und die Eigelb dazugeben. Butter in Stücke schneiden und zusammen mit den Mandeln hinzufügen. Dann alles zügig zu einem glatten Teig verkneten. In Folie wickeln und 30 Minuten im Kühlschrank ruhen lassen.

Aus dem Teig daumendicke Rollen formen, 2 cm lange Stücke abschneiden und zu Hörnchen formen. Diese auf ein mit Backpapier belegtes Backblech setzen und bei 180 Grad etwa 10 Minuten backen.

Puderzucker in einen Teller sieben und mit dem Vanillezucker mischen. Die noch warmen Hörnchen vorsichtig darin wälzen, auf einem Kuchengitter auskühlen lassen.

Schokokekse

Du brauchst:

Für den Teig:

200 g Vollmilchschokolade

50 g Zartbitterschokolade

100 g Butter

150 g Puderzucker

1 Ei

175 g Mehl

1 TL Backpulver

75 g gebrannte Mandeln

Zum Verzieren:

150 g Zartbitterschokolade

Zuckerstangen

So geht's:

125 g Vollmilchschokolade und 50 g Zartbitterschokolade im Wasserbad schmelzen. Restliche Vollmilchschokolade und Mandeln klein hacken. Die Butter mit dem Puderzucker schaumig schlagen, danach das Ei unterrühren. Das Mehl und Backpulver sieben, mischen und unter Rühren hinzugeben. Mandeln und Schokolade unter den Teig heben.

Kleine Häufchen auf ein mit Backpapier ausgelegtes Blech setzen und leicht platt drücken. Die Kekse 10 bis 12 Minuten backen. Die Zartbitterschokolade im Wasserbad schmelzen und auf den Plätzchen verteilen. Anschließend mit den gehackten Zuckerstangen verzieren.

Marinettes Tipp
Falls du keine Zuckerstangen verwenden willst: Bunte Streusel eignen sich auch super!

Rentier-Kekse

Du brauchst:

400 g Mehl

1 TL Backpulver

100 g Zucker

1 Pck. Vanillezucker

100 g Puderzucker

250 g Butter

1 Ei

125 g gemahlene Haselnüsse

250 g Vollmilchkuvertüre

Zuckerschrift in Beige,

Braun und Rot

So geht's:

Mehl und Backpulver in einer Schüssel mischen, Zucker und Vanillezucker hinzufügen. Puderzucker darübersieben. Die Butter in Flöckchen schneiden, mit dem Ei und den gemahlenen Haselnüssen in die Schüssel geben und alles zu einem glatten Teig verkneten.

Den Teig dünn ausrollen und Kreise oder Blumen ausstechen. Im vorgeheizten Ofen bei 175 Grad etwa 10 Minuten backen. Herausnehmen und abkühlen lassen.

Die Hälfte der Plätzchen mit der Zuckerschrift verzieren. Die andere Hälfte der Plätzchen jeweils mit einem Klecks Kuvertüre bestreichen und dann vorsichtig die verzierten Plätzchen drauflegen. Trocknen lassen.

Marinettes Macarons

Du brauchst:

Für den Teig:

220 g fein gemahlene
Mandeln
340 g Puderzucker
6 Eiweiß
50 g Zucker
1 TL Kakaopulver

Für die Füllung:

180 ml Sahne
200 g dunkle Schokolade
1 TL Zimt

So geht's:

Für den Teig Mandeln und
Puderzucker vermischen und
ganz fein sieben. Eiweiß steif schlagen, Zucker
unter Rühren langsam einrieseln lassen. Kakaopulver hinzugeben. Die Puderzuckermischung
nach und nach vorsichtig unterheben, bis die
Masse zähflüssig vom Löffel läuft.

Auf ein mit Backpapier ausgelegtes Backblech
mit einer Lochtülle kleine Kleckse spritzen
und diese 20 Minuten antrocknen lassen. Den
Backofen auf 130 Grad vorheizen. Die Plätzchen etwa 12 Minuten backen, samt Backpapier vom Blech ziehen und abkühlen lassen.

Für die Füllung die Sahne unter Rühren
kurz aufkochen, vom Herd nehmen.
Den Zimt und die Schokolade
einrühren und schmelzen lassen. Die Creme mindestens
2 Stunden kalt stellen.
Danach die Creme auf
der Unterseite eines
Macarons verteilen und
ein zweites andrücken.

Adriens Mini-Zimthörnchen

Du brauchst:

125 g Mehl
½ TL Backpulver
45 g Puderzucker
85 g kalte Butter
1 Prise Salz
1 Eigelb
1 EL Wasser

Für die Füllung:

60 g Zucker
1 Pck. Vanillezucker
1 TL Zimt
1 Eiweiß

So geht's:

Alle Zutaten mit den Knethaken des Handrührgeräts zu einem glatten Teig verarbeiten. Den Teig in drei Portionen teilen, zu Kugeln formen und in Klarsichtfolie gewickelt etwa eine Stunde in den Kühlschrank stellen.

Die Teigkugeln 3 mm dünn ausrollen und mithilfe eines Tellers rund ausschneiden. Zucker, Vanillezucker und Zimt mischen und den Teig damit bestreuen. Den Teigfladen in 12 Tortenstücke schneiden.

Die Teigstücke von der breiten Seite her aufrollen und auf ein mit Backpapier belegtes Blech geben. Eiweiß leicht verquirlen, Hörnchen damit bestreichen und mit der restlichen Zucker-Zimt-Mischung bestreuen. Im vorgeheizten Backofen bei 180 Grad 10 bis 15 Minuten backen. Danach auskühlen lassen.

Tom Dupains Lebkuchenrezept

Du brauchst:

Für den Teig:

100 g flüssigen Honig

50 g weiche Butter

50 g Zucker

1 Ei

200 g Mehl

½ TL Natron

1 TL Zimt

1 TL Lebkuchengewürz

1 EL Kakaopulver

Zum Verzieren:

125 g Puderzucker

Saft von 1 Zitrone

rote Lebensmittelfarbe

So geht's:

Honig, Butter und Zucker in einem Topf erhitzen, bis der Zucker vollständig gelöst ist. Die Masse abkühlen lassen. Das Ei unter die Honigmasse rühren und alles zusammen mit Mehl, Natron, Zimt, Lebkuchengewürz und Kakaopulver zu einem glatten Teig verkneten. In Frischhaltefolie gewickelt einige Stunden kalt stellen. Dann den Backofen auf 180 Grad vorheizen.

Den Teig auf einer bemehlten Fläche etwa 5 mm dick ausrollen und Lebkuchen-Männchen ausstechen oder mithilfe von Schablonen ausschneiden. Die Männchen auf ein mit Backpapier ausgelegtes Backblech legen und 10 bis 15 Minuten backen. Auskühlen lassen.

Puderzucker und Zitronensaft verrühren, bis eine glatte Masse entsteht. Eine kleine Menge mit roter Lebensmittelfarbe färben. Glasur in verschiedene Spritztüten einfüllen und die Lebkuchen damit verzieren.

Tikkis heiße Schokolade

Du brauchst:

12 Marshmallows

4 Zuckerbonbons

8 Salzstangen

Dekorschrift „Schoko"

Für die heiße Schokolade:

1 l Milch

100 g Vollmilch-
Trinkschokolade

1 Pck. Vanillezucker

½ Stange Zimt

So geht's:

Auf vier Marshmallows mit Schoko-Dekorschrift Augen und Mund malen. Jeweils ein Zuckerbonbon als Nase auf die Marshmallows geben, dazu Bonbons etwas anfeuchten und auf die Marshmallows kleben. Auf weitere vier Marshmallows drei Punkte malen. Salzstangen halbieren und in die Marshmallows mit den drei Punkten seitlich hineinstecken. In die untere Seite der letzten vier Marshmallows zwei Salzstangenhälften hineinstecken.

Die Milch erhitzen und die Trinkschokolade darin auflösen. Vanillezucker dazugeben und rühren, bis er sich vollständig aufgelöst hat. Die Zimtstange hinzufügen und einige Minuten ziehen lassen. Zimtstange entfernen und die Schokolade in Becher füllen. Die Marshmallow-Schneemänner vorsichtig auf die Becher geben.

Nikolaus-Stiefelchen

Du brauchst:

150 g Honig

70 g braunen Zucker

1 Eigelb

1 Prise Salz

1 TL Zimt

½ TL Nelkenpulver

4 EL Wasser

350 g Mehl

1 Pck. Backpulver

Zuckerguss oder Fondant nach Belieben

So geht's:

Den Honig und den Zucker in einem Topf erhitzen und so lange rühren, bis der Zucker sich aufgelöst hat. Die Masse abkühlen lassen, dann Eigelb, Salz, die Gewürze und 4 Esslöffel Wasser zufügen.

Mehl und Backpulver mischen, sieben und löffelweise zugeben. Alles zu einem glatten Teig verkneten. Zu einer Kugel formen und in Frischhaltefolie mehrere Stunden, am besten über Nacht, ruhen lassen.

Den Teig etwa 5 mm dick ausrollen und kleine Stiefel ausstechen. Die Plätzchen auf ein mit Backpapier ausgelegtes Blech legen und bei 180 Grad etwa 15 Minuten backen. Auskühlen lassen. Nach Belieben mit Zuckerguss oder Fondant verzieren.

Marienkäferplätzchen

Du brauchst:

100 ml Pflanzenöl

300 g Zucker

20 g Kakaopulver

4 EL Rote-Bete-Saft

4 Eier

2 EL Vanilleextrakt

250 g Mehl

2 TL Backpulver

½ TL Salz

65 g Puderzucker

So geht's:

Öl, Zucker, Kakaopulver und Saft in einer Schüssel verrühren. Nacheinander die Eier unterrühren. Vanilleextrakt hinzufügen. In eine zweite Schüssel Mehl und Backpulver sieben, mischen, Salz hinzugeben. Mehlmischung unter den Teig heben. Den Teig abgedeckt für mindestens 3 bis 4 Stunden in den Kühlschrank stellen.

Den Backofen auf 180 Grad vorheizen. Die Backbleche mit Backpapier auslegen. Aus dem Teig walnussgroße Kugeln formen, diese gleichmäßig in Puderzucker wälzen. Dann mit Abstand auf die Backbleche legen und 10 bis 12 Minuten backen.

Kandierte Äpfel

Du brauchst:

8 kleine Äpfel
1 TL Zitronensaft
5 EL Wasser
550 g Zucker
rote Lebensmittelfarbe
8 Holzspieße

Zum Verzieren:

2 EL Mohnsamen
2 EL Krokant
2 EL Kokosraspel

So geht's:

Die Äpfel waschen, Stiele entfernen und an die Stelle des Stiels einen Holzspieß stecken. Wasser und Zitronensaft in einen Topf geben, Zucker hinzufügen und unter ständigem Rühren schmelzen lassen. Nach und nach etwas rote Lebensmittelfarbe einträufeln.

Zuckerwasser so lange köcheln lassen, bis ein klarer, roter dickflüssiger Sirup entsteht. Die Äpfel in der heißen Flüssigkeit drehen, bis sie vollständig überzogen sind. Auf einem vorbereiteten Backpapier antrocknen lassen. Mohn, Krokant und Kokosraspel auf kleinen Tellern verteilen und die kandierten Äpfel darin wälzen.

Bunte Kwami-Schokolade

Du brauchst:

Für die Schokolade:

250 g Kakaobutter

100 g Kakaopulver

120 g Rohrzucker

1 Pck. Vanillezucker

Zum Verzieren:

Nüsse wie Erdnüsse,
Haselnüsse
Trockenfrüchte
wie Himbeeren,
Cranberrys

So geht's:

Die Kakaobutter im heißen Wasserbad schmelzen lassen. Kakaopulver und Zucker hinzugeben und ständig rühren, bis sich der Zucker aufgelöst hat. Die cremige Masse auf einem mit Backpapier belegten Backblech gleichmäßig verteilen.

Nun nach Belieben die Nüsse und Trockenfrüchte auf der noch warmen Schokolade verteilen und diese für etwa 2 Stunden zum Aushärten in den Kühlschrank stellen.

Marinettes Tipp

Wer weiße Schoko-
lade mag, schmilzt etwas
Kakaobutter und Zucker
und verteilt diese dann auf
der noch warmen dunklen
Schokolade, bevor die
Nüsse und Früchte
draufkommen.

DIE SCHÖNSTEN

ISBN 978-3-8332-4385-1

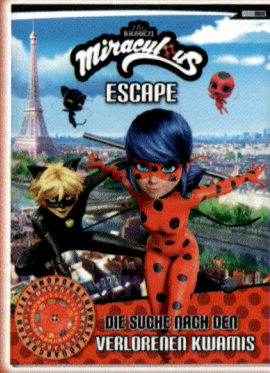

ISBN 978-3-8332-4324-0

ISBN 978-3-8332-4319-6

ISBN 978-3-8332-4237-3

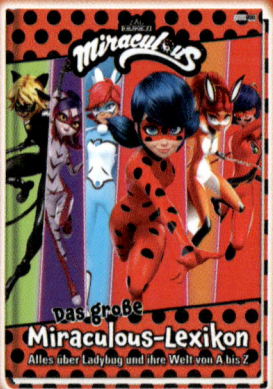

ISBN 978-3-8332-4236-6

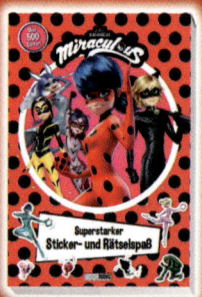

ISBN 978-3-8332-4229-8

ISBN 978-3-8332-4080-5

ISBN 978-3-8332-4150-5

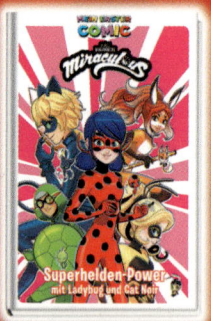

ISBN 978-3-8332-4149-9

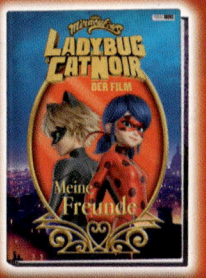

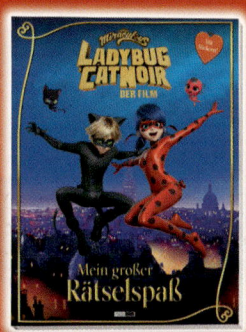

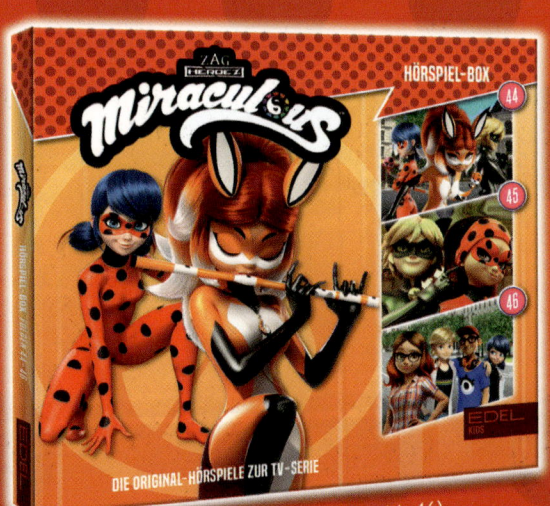
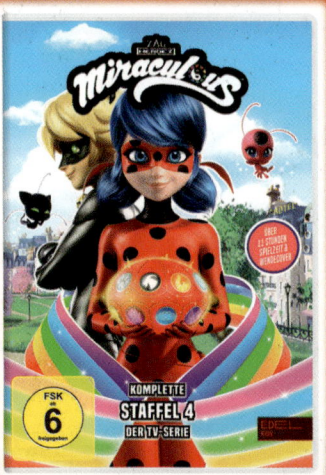

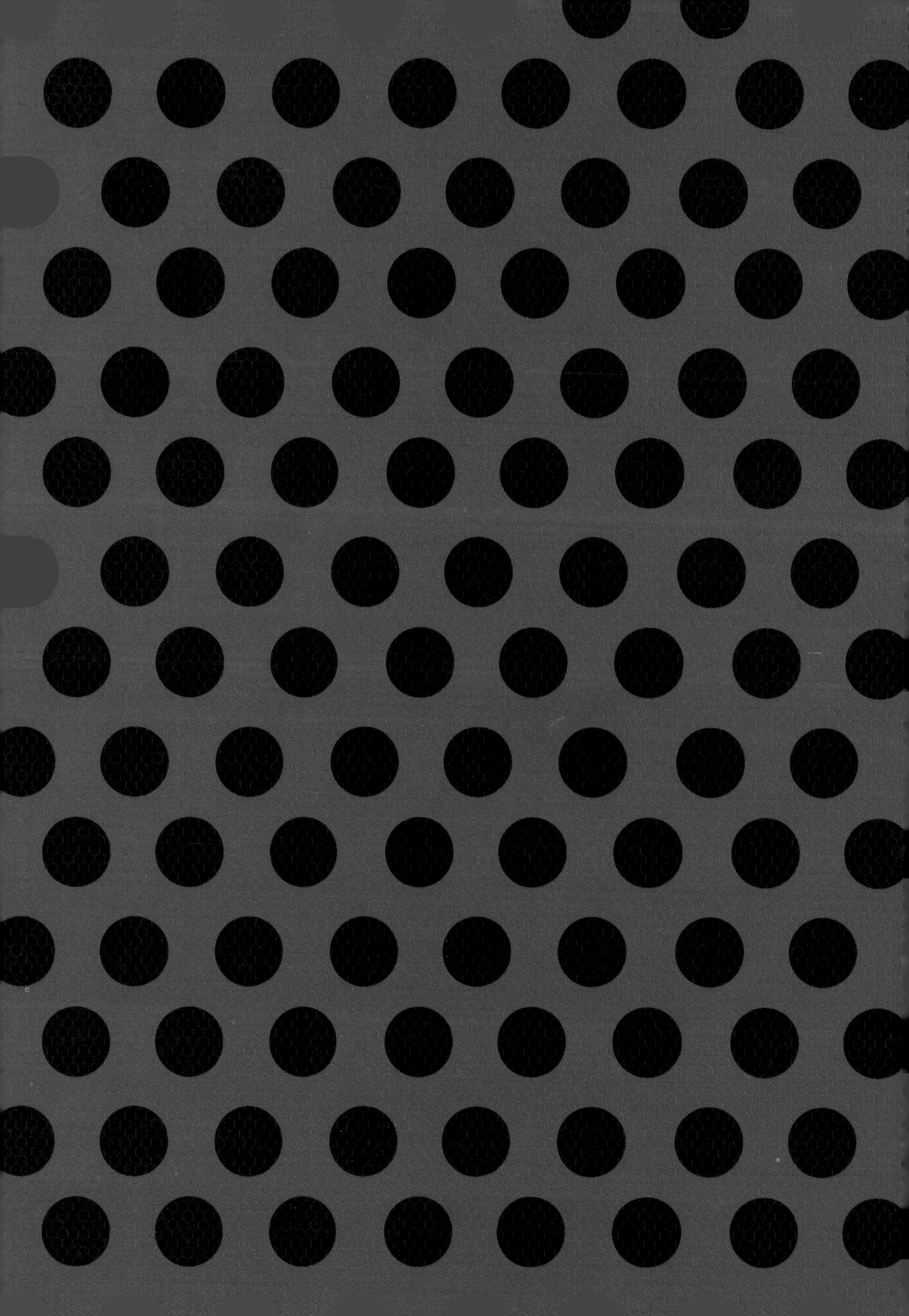